Geschichten

aus der Reihe
„Perlen unserer Erinnerung"

Sommer–Zeit–Reise

Carmen Sabernak (Hrsg.)

Bibliografische Information der Deutschen Nationalbibliothek:
Die Deutsche Nationalbibliothek verzeichnet diese Publikation in der Deutschen Nationalbibliografie; detaillierte bibliografische Daten sind im Internet über dnb.d.nb.de abrufbar.

Impressum
2019 © Carmen Sabernak, alle Rechte vorbehalten

Herstellung und Verlag:
BoD - Books on Demand GmbH, Norderstedt

Satz und Layout:
Nicole Mewes

Bildnachweise:
© by-studio © sonne fleckl - Fotolia.com
© Nicole Mewes - Blumenwiese

ISBN: 9783748146964

Inhalt

 Vorwort

Carmen Sabernak hatte die Idee, die Erinnerungen unterschiedlicher Menschen zu sammeln.

Erinnerungen, die wertvoll wie Perlen sind. Sie fragte in der Teltower AWO-Gruppe nach und es fanden sich schnell MitstreiterInnen.

Einmal im Monat trafen sie sich, tauschten Erinnerungen aus, lasen aus ihren Geschichten und verbrachten schöne gemeinsame Stunden. So wurde recht schnell der Entschluss gefasst, diese „Perlen unserer Erinnerungen" in kleinen Büchern aufzubewahren.

Die Geschichten sind so unterschiedlich, wie die Menschen, die sie erlebt haben. Einzelne Geschichten wurden zum Teil schon vor einigen Jahren verfasst. Deshalb finden sich teilweise auch noch Texte in der alten Rechtschreibung. Diese wurden absichtlich nicht angepasst, denn es sind Perlen aus der betreffenden Zeit.

Wir wünschen Ihnen ebenso viel Vergnügen beim Lesen, wie wir Freude hatten, das Buch zu gestalten.

Herzliche Grüße
das AutorInnenteam

Der Tag der Vergessenen - doof aber unvergesslich.

Es war noch vor der viel strapazierten Wende. In den achtziger Jahren. Ich arbeitete damals in der Kreispoliklinik. Leiterin der Finanzwirtschaft.

Wir freuten uns alle riesig auf unseren jährlichen Betriebsausflug. Im Programm standen die Besichtigung einer Kirche, Mittagessen, Besuch einer Burg, Abendessen und dann wieder ab nach Hause.

Das Wetter war herrlich. Es wird also bestimmt ein schöner Tag. Der Bus kam etwas zu spät. Mein Gott - kann ja mal vorkommen. Der Busfahrer maulte, denn er war ja rechtzeitig angekommen. Der Reiseleiter war nicht rechtzeitig vor Ort. Wenn weiter nichts ist, kann es ja losgehen. Also auf zur Kirche.
Die Kirche war wunderbar. Es war nämlich nicht irgendeine Kirche, sondern der Naumburger Dom. Die Führung durch eine nette Dame war kompetent und man konnte die Vergangenheit förmlich spüren. Wie die Baumeister mit den damaligen Möglichkeiten derartige Kunstwerke schaffen konnten, ist heute

fast unvorstellbar. Im Nu hatten wir die vorhandenen Postkarten erworben. Eine Kollegin fragte ob es eine Beschreibung des Domes gäbe. Ja – aber es dauert ein paar Minuten, denn die müsste erst geholt werden. Also warteten wir vielleicht knappe fünf Minuten. Das war die Broschüre auch wert.

Die Dame freute sich über unser Interesse und wir gaben noch eine Spende und nun ganz schnell zum Bus.

Wir hatten ja zur Abfahrt unseres Ausflugs eine halbe Stunde warten müssen. – Die fünf Minuten wegen der Broschüre waren dem Reiseleiter aber wohl zu viel.

Der Bus war weg.

Nun standen wir dumm da. Sahen dann eine Straßenecke weiter noch einige Kolleginnen. Also ab hinterher. Die werden ja wissen wo der Bus ist. Bei ihnen angekommen, fragten sie gleich nach dem Bus. Auch sie waren vergessen worden.

Wir sind uns richtig doof vorgekommen. Aber wie sagt man, „Der Mensch kann noch so dämlich sein, er muss sich nur zu helfen wissen". Also, ich in die nächste kleine Gaststätte, dort gefragt, wo es eine Gaststätte gibt, in der Reisegesellschaften speisen können. Nach einem Heiterkeitsausbruch über unsere

Misere beschrieb man uns den Weg, der uns eventuell zu unserer Reisegruppe bringen konnte.

Dort angekommen, wurde schon gespeist und der Reiseleiter sparte nicht mit bösen Worten.

Wir kamen uns vor, wie Schulkinder die den Stundenanfang verpasst haben. Na ja - wir haben uns zusammengenommen, auf jedwede Gegenrede verzichtet. Schließlich wollten wir uns den Tag nicht verderben lassen.

Nun weiter zur Burg.

Es war die Rudelsburg.

Wie schon im Naumburger Dom war auch hier die Besichtigung unvergesslich. Das alte Gemäuer, der herrliche Ausblick vom Turm, und das bei herrlichem Wetter, sind einfach unvergesslich.

Doch dann kam ich in die Gegenwart zurück und das nicht gerade sanft. Ich wunderte mich, dass nur noch eine Ärztin mit auf dem Turm war. Auf meine Frage worauf sie wartete, wurde mir klar, wir waren Leidensgenossen. Wir hatten beide Höhenangst. Rauf geht ja immer noch - aber runter? Hilft nichts!

Wir mussten. Also fassten wir uns beide an und gingen immer mit dem Gesicht zur Wand, an der Wand abgestützt, die Treppen vom Turm herunter. Unten angekommen, fragten unsere Kollegen warum wir so blass waren. Wir haben uns beide aber nur angeguckt und jede Erklärung verweigert.

Nun ging es wieder bergab. Der Reiseleiter wies uns einen Weg, der kürzer war als der Hinweg zur Burg. Stimmte auch, dafür war er aber so steil und uneben, dass unsere älteste Kollegin ihn kaum gehen konnte. Wir haben sie beidseitig gestützt. Da kam doch unser Reiseleiter an uns vorbei und meinte, dass wir uns beeilen müssten, damit wir rechtzeitig am Bus wären. Wir baten ihn unserer Kollegin zu helfen, wir waren ja schließlich auch nicht für eine Bergwanderung angezogen und hatten selbst Schwierigkeiten mit unserem Schuhwerk. Doch er meinte nur, dass er dazu keine Zeit hätte und hüpfte fröhlich den Berg hinab. Nun, wir haben es geschafft. Kamen unten, zwar erschöpft, aber gut an.

Wir waren nun an der Saale, an der wir ein Stück entlang laufen mussten, um in den nächsten Ort zu kommen. Es hieß ja immer „Saale rein und klar". Was aber dort vorbeifloss war eine üble Brühe. Egal, wir haben trotzdem die herrliche Landschaft genossen. Mussten dann über eine kleine Brücke, an der dann der Ort begann.

Wir staunten nicht schlecht als uns auf der Brücke der Reiseleiter entgegenkam und fragte, ob wir wüssten wo der Bus steht. Nun konnte ich ihm endlich mal etwas sagen. Meine Antwort: „An der Saale haben wir ihn nicht gesehen. Er sollte doch mal den Reiseleiter fragen, der müsste ja wissen wo der Bus steht". Nun hatte er Mühe seinen Ärger zu unterdrücken. Machte kehrt und verschwand Richtung Stadt.

Nach Überquerung der Brücke im Ort angekommen, stand dort unsere gesamte Busmannschaft. Genau vor dem Eingang eines Eiskaffee's. Sie warteten schon eine ganze Weile auf den Reiseleiter, bzw. den Bus. Also zum Warten hinein in das Eiskaffee. Das Eis war einfach super. Also jeder ein Eis. Wir haben alle auch gleich bezahlt, damit wir beim Eintreffen des Busses schnell starten konnten. Plötzlich kam tatsächlich unser Reiseleiter. Der Bus war da.
Eis gegessen, Kaffee getrunken, was ist nun notwendig? Besuch der Toilette. Unbedingt notwendig, da der Bus keine gangbare hatte. Das Eiskaffee war aber nur eine kleine Gaststätte und hatte daher jeweils nur eine Toilette für Herren und für Damen. Obwohl wir auch die Herrentoilette benutzten, dauerte es doch eine ganze Weile. Zuletzt waren noch unsere beiden Lehrlinge (Mädchen, sechzehn Jahre alt) dran. Mein Bauchgefühl sagte mir: „Warte auf die beiden".
Nun aber raus zum Bus. Doch der war schon abgefahren. Nun standen wir da. Schon wieder einmal

vergessen. Das darf doch nicht wahr sein. Habe gar nicht gewusst, wie Mädchen schimpfen können. „Schlimmer als ein Rollkutscher, der kein Trinkgeld bekommen hat". Diesen Spruch hatte mein Vater drauf, wenn wir Kinder mal in dieser Richtung entgleist waren.

Dann wurde überlegt. Der Bahnhof war nicht weit. Noch besser, wir fahren per Anhalter. Na ja – immerhin schimpften die beiden Mädchen nicht mehr, sondern versuchten eine Lösung zu finden.

Nun gab es erst einmal Kompetenzschwierigkeiten. Ich musste ihnen klarmachen, dass die Entscheidung was zu tun wäre, bei mir, ihrer Vorgesetzten lag. Sie maulten zwar ein bisschen aber dann setzten wir uns auf eine kleine Begrenzungsmauer und warteten auf die Rückkehr unseres Busses.

Es kam dann auch so, wie ich es mir gedacht hatte. Nach einer knappen halben Stunde kam der Bus zurück. Der Fahrer grinste, der Reiseleiter platzte bald vor Wut und beschimpfte uns fürchterlich.

Nun reichte es mir. Ich sagte ihm, so ruhig wie es ging, dass er ganz großes Glück gehabt hat. Beide Mädchen waren nicht volljährig. Hätte ich nicht auf sie gewartet, wären sie getrampt. Wenn dann etwas passiert wäre, hätte ich nicht in seiner Haut stecken wollen.

Meine eine Kollegin, unsere Kassenverwalterin, groß und sehr energisch, hatte verlangt, dass er den Bus umkehren lässt. Das hatte er strikt abgelehnt. Wir hätten ja rechtzeitig da sein können.

Da kannte er meine Kollegin aber schlecht. Sie wurde sehr laut und die anderen Kollegen unterstützten sie energisch. Der Busfahrer sagte zwar nichts, kehrte dann aber bei der nächsten Autobahnabfahrt um, um uns abzuholen. Der Reiseleiter versuchte nun ihm Vorwürfe zu machen, doch er wies nur darauf hin, dass die Unterhaltung mit dem Fahrer während der Fahrt nicht erlaubt ist.

Auf zur letzten Etappe. Das Abendessen war in einer Gaststätte gebucht und wir waren gespannt, was uns so zum Abschluss unserer Fahrt serviert werden würde. Nun es wurde wirklich etwas ganz „Besonderes".

Wir wunderten uns schon beim Aussteigen dass die Gaststätte kaum beleuchtet war und dann kam der Abschlusshammer. Die Gaststätte hatte den Auftrag uns zu bewirten nicht bestätigt, das Reisebüro hatte das übersehen. Der Reiseleiter hatte den Ablauf der Fahrt, für die er ja verantwortlich war, auch nicht überprüft und so standen wir nun recht dumm da. Nach den Pleiten, Pech und Pannen des Tages war das nun wirklich der Höhepunkt. Unser Reiseleiter suchte die Schuld natürlich bei allen Anderen.

Wir sprachen dann mit dem Gaststättenleiter, schilderten ihm unsere Lage und nach einiger Überlegung bekamen wir nach einer halben Stunde Wartezeit etwas zu Essen serviert. Es war natürlich nichts Besonderes.

War uns aber nach dem anstrengenden Tag beinahe egal. Hauptsache wir konnten unseren Hunger stillen. Ich glaube der Gastwirt war auch nicht unzufrieden. Sein Einsatz, mit Unterstützung seiner Familie uns doch noch ein Abendbrot zu servieren, hat sich bestimmt finanziell für ihn gut ausgezahlt.

Inzwischen war uns eigentlich auch alles ziemlich egal.

Wir waren müde und wollten nur noch nach Hause. Die übliche Sammlung für Reiseleiter und Kraftfahrer fiel dann allerdings geringer aus. Nämlich nur für den Kraftfahrer.

Wie unser Chef nach unserem Bericht mit dem verantwortlichen Reisebüro abgerechnet hat, haben wir nicht erfahren. Ehrlich haben wir aber auch anerkannt, dass die Ziele der "Naumburger Dom" die "Rudelsburg" und auch die Saale unvergesslich bleiben

werden und wir freuten uns auf die nächste Betriebs-
fahrt.

Eva-Maria Kluck

Kleine Ursachen - große Wirkung oder der springende Fisch.

Sie fragen: Wie soll das zusammenhängen? Also am Besten, ich fange die Geschichte von vorne an.

Wir schrieben das Jahr 1967 und ich arbeitete in der Landwirtschaftsbank der DDR als Betriebsbearbeiter. Betriebsbearbeiter unterstützten und kontrollierten das Finanzgeschehen der Landwirtschaftsbetriebe. So auch das der Binnenfischerei Potsdam.
Ohne Übertreibung gesagt, die Betriebe und wir hatten ein gutes Verhältnis. So hatten wir auch manches Mal Vergünstigungen, z. B. in dem wir in den Betrieben einkaufen konnten.

Nun zum Geschehen entsprechend der Überschrift. Es war Jahreswechsel und Silvester stand vor der Tür. Auch damals war der Silvesterkarpfen das begehrteste Abendessen. Mein Interesse daran hielt sich zwar in Grenzen, denn bis dahin waren Würstchen mit Salat das Standartessen. Da aber alle Kollegen Karpfen bestellen wollten, konnte ich mich ja nicht von der Bestellliste ausschließen.

Also – für jeden Mitarbeiter einen Karpfen. Nicht geschenkt, die Preisliste war der Lieferung beigelegt. Nebenbei gesagt, Würstchen wären billiger gewesen. Jeder Kollege bekam also seinen Karpfen in Packpapier eingewickelt auf den Schreibtisch. Bei mir war gerade eine Hauptbuchhalterin zu einer Besprechung, sodass ich dem Paket im Augenblick wenig Beachtung schenkte. Das änderte sich aber schlagartig.

Die Hauptbuchhalterin beugte sich gerade über meinen Schreibtisch, um mir einige Zahlen, die von besonderer Bedeutung waren, zu zeigen, als der eingewickelte Karpfen einen letzten Versuch unternahm, seinem Schicksal zu entgehen.

So wie er eingewickelt war krümmte er sich und sprang hoch. Landete im Gesicht der Hauptbuchhalterin. Diese bekam den Schrecken des Jahrhunderts, wollte einen Schritt zurück machen, verlor das Gleichgewicht, stolperte und knallte mit dem Kopf auf die Kante des Schreibtisches. Sie sah mich mit großen Augen an und sank ohnmächtig zu Boden.

In unserer Bank arbeiteten auch unter anderem drei aktive Sportler, die in erster Hilfe firm waren. Von denen versorgt erholte sich die Hauptbuchhalterin schnell wieder.

Nun konnten wir uns um den Verursacher, meinen

Silvesterkarpfen, kümmern. Das Erschrecken meiner Kollegen war groß. Die Viecher lebten ja noch. Die sollten doch eigentlich schon bratfertig sein. So als Kundendienst für die gute Zusammenarbeit. Bei der Binnenfischerei angerufen und das Malheur dargelegt. "Null Problemo". Sie mussten ja ihre geschockte Kollegin sowieso abholen. Es kamen also zwei Kollegen, sammelten alle Pakete mit dem lebendigen Inhalt wieder ein und verschwanden damit im Vorraum der Toiletten. Die Waschbecken wurden zweckentfremdet, die Karpfen wurden ins Jenseits befördert, wieder eingewickelt und wieder an die Kollegen verteilt.

Ganz so einfach war die Sache aber doch nicht abgeschlossen. Schließlich waren die Karpfen ja unterschiedlich groß und der Preis daher auch nicht für alle gleich. Sie waren aber nicht alle in das selbe Papier wie vorher eingewickelt und so stimmte der Preis nicht mehr. Es gelang uns eine Waage aufzutreiben. Eine Kollegin hatte noch die Babywaage, die wir ihr zu Weihnachten geschenkt hatten, im Büro und so konnten wir auch die Preise wieder zuordnen.

Das ganze Geschehen machte für uns eineinhalb Überstunden notwendig.

Oft haben wir noch an dieses Silvester gedacht und auch darüber gelacht. Wenn dann die Kollegen aus den Betrieben in unsere Bank kamen, wurden wir oft gefragt, ob wir nicht mal wieder springende Fische hätten.

1968 endete mein Arbeitsverhältnis bei der Landwirtschaftsbank.

Die Sache mit den Silvesterkarpfen werde ich jedoch in Erinnerung behalten.

Eva-Maria Kluck

Anna

Ein schöner Name, der heute wieder ganz „in" ist. Es gab eine Zeit, in der die alten Namen nicht so beliebt waren. Man hieß modern Nicole, Jeanette oder ähnlich. Noch weiter zuvor waren Karin, Helga oder Heidi z. B. sehr verbreitet. Nun ja, ich hieß damals schon Anna, mit Zweitnamen und nach meiner Oma benannt. Als Kind fand ich das nicht so toll, doch heute bin ich stolz auf „Anna".

Die Perle der Erinnerung möchte ich heute dieser meiner Oma Anna, als späte Hommage widmen. Wer war sie, was machte sie aus, warum war sie für mich – für uns besonders?

Es gilt ein Leben aus einer anderen Welt zu zeichnen. Einer Welt, in der es das Wort Selbstverwirklichung noch nicht gab. Geboren wurde sie 1884 im Harachsthal unweit von Schluckenau, heute Sluknov, im Nordböhmischen Zipfel. Mit ihrem Mann Anton lebte sie am Waldrand, in einem der dort typischen Umgebindehäuser. Anna bekam vier Kinder. Zwei von ihnen starben vor dem 3. Lebensjahr, während des 1. Weltkrieges. Mein Opa war Tischler und Zimmermann und so bauten sie für damalige Verhältnisse ein großes, schönes, stattliches Haus. Alles mit Hilfe der Familie und Verwandtschaft. Anna war eine eher zarte und nicht so große Frau. Sie schafften es gemeinsam, sich dieses Nest zu bauen und noch vor 1939 war alles abbezahlt.

Der 2. Weltkrieg begann und am Ende dieses Wahnsinns mussten die Deutschen weg aus ihrer Heimat. Dramen spielten sich ab im heißen Frühsommer 1945. Viele wurden erschossen hinter der Stadtmauer von Schluckenau. Mit einem vollgepackten Handwagen, ihren wenigen Habseligkeiten zogen sie nun immer gen Westen. Ein großer Treck Menschen jeden Alters zog zu Fuß ins Nirwana. Die erste Station war Dresden.

Dresden hatte die Bombennacht vom 13. Februar hinter sich und lag in Schutt und Asche. Hier würden sie verhungern. Sie mussten weiter, immer weiter. Eines Tages sahen sie vom Berg aus auf eine kleine Stadt mit zwei schönen Kirchtürmen, die noch in Ordnung schienen. Da entschied mein Opa: „hier bleiben wir, wir versuchen einen neuen Anfang".

Krank, erschöpft und mit brennender Seele suchten sie ihre erste Wohnung in der Fremde. Es war eine Scheune ... und sie blieben! Der neue Anfang war schwer. Für meinen Opa Anton bedeutete er das

Lebensende. Der Schmerz der Vertreibung aus seinem neu gebauten Haus war wohl der eigentliche Grund seines frühen Todes. Und Anna war stark. Sie fügte sich in ihr Schicksal, funktionierte. 1952 zog sie zu uns auf den Bahnhof, in die große Familie. Das war nun ihr Leben. So habe ich sie in Erinnerung. Diese zarte, kleine Frau mit dem großen Herzen, in dem alle ihre Verluste, ihre unerfüllten Wünsche, Hoffnungen, auch ihr Dank für dieses Leben bei uns und mit uns, zu dem sie „ja" gesagt hatte, alles Leid und Traurigkeit war in diesem Herzen eingeschlossen. Anna hat nicht oft geweint. Sie hat mit uns Kindern gesungen, gelesen, Gedichte aufgesagt, war fröhlich. Alles, wirklich alles hat sie uns gegeben; ihre Zeit, all ihre Kraft und Erfahrung. Anna war eine Perle, eine schöne Perle. Leider habe ich das viel zu spät wirklich erkannt und wahrgenommen.

Als ich erwachsen war, selbst Kinder hatte und auch Oma wurde, habe ich viel an sie gedacht und das tue ich immer noch. Ich hätte sie soo gern mal verwöhnt mit all den Annehmlichkeiten unseres modernen Lebens, die sie ja nie erlebt hat.
Als Kind und Jugendliche habe ich nicht nach ihren Wünschen, ihrer Sehnsucht, ihrer Kraft und ihrem

Glauben gefragt. – Wie schade! – Ich / wir haben sie zu selten in den Arm genommen oder „Danke" gesagt. Alles war so selbstverständlich. Anna hatte keine Güter, keinen Schmuck, kein Vermögen. Das war verloren, in einer Heimat, die sie nie mehr gesehen hat. Sie hatte nichts außer uns. Selbst ihre (sicher kleine) Rente floss in den Topf der großen Familie. In der „Heimat" so sagte sie, hat sie als junge Frau in einer Seidenblumenfabrik gearbeitet. Es habe ihr Freude gemacht.

Vielleicht hatte sie Talente und Begabungen, von denen sie selbst gar nichts wusste. Anna, eine starke, kluge Frau. Klug auch deshalb, weil sie es vermochte in Konflikten und bei Problemen gelassen und überzeugend zu reagieren.

Im Juli 1969 kam der Abschied. Ich zog zu meinem Mann in unsere erste gemeinsame Wohnung nach Teltow, eine Neubauwohnung mit Zentralheizung, Bad und Balkon. Was für ein Luxus! Für mich begann ein neues, aufregendes Leben. Ich konnte gar nicht schnell genug weg von der Familie samt Oma, Bahnhof, Kindheit. Der Abschied war herzlich, eine Umarmung und ein Kuss. Die Gedanken aber flogen bereits der Zukunft entgegen.

Meine erste Heimfahrt war vier Wochen später zur Beerdigung von Anna.
Sie wurde 85 Jahre alt, meine Oma Anna.

Margit Prauß

Schwanen - Ballade

Ein zarter Windhauch streichelt sanft die Wangen,
das Spiel der Sonnenstrahlen nimmt mich ganz
gefangen.
Ein Bächlein schlängelt sich am Wegesrand,
es murmelt munter zu dem Vogel-Sang.

Die Ruhe des Waldes, der Bäume Grün
begleiten den Weg zum Weiher hin.
Die Bank am Ufer lädt den Wanderer ein,
zu Gast bei der Tierwelt – am Wasser zu sein.

Ich schaue und trau' meinen Augen nicht:
Ein Schwanen-Paar gleitet ins Sonnenlicht.
Majestätisch zieh'n sie ihre Kreise,
bezaubern mit Anmut auf ihre Weise.

Ein Sinnbild für Liebe – in Treue verbunden,
langsam sind sie den Blicken entschwunden.
Wie ein Zauber aus 1000 und einer Nacht
ist das Traum-Paar wieder zum Leben erwacht.
Es bleibt zusammen für alle Zeit –
ihr Anblick jedes Herz erfreut!

Hannelore Wolf

Ein neuer Tag - ein neues Glück, schau immer vorwärts - nie zurück!

Heute wird dieser Spruch wohl nicht ganz stimmen. Meine alten Gelenke, immerhin schon über achtzig Jahre alt, kommen nicht so richtig in Schwung und jede Bewegung ist ganz schön schmerzhaft. Liegt vielleicht am Wetter. Neblig und trübe. Regnen soll es auch noch.

Das soll nun der erstrebenswerte Ruhestand sein. Habe ich mir aber anders vorgestellt. Warum wird man eigentlich so alt? Das war früher auch besser. Da haben die meisten Menschen so ein Alter gar nicht erlebt. Sind einfach früher eingeschlafen. So habe ich vor mich hin geschimpft, eigentlich nicht geschimpft, mehr gejammert.

Plötzlich steht meine Enkelin im Zimmer. Habe sie nicht kommen gehört. Sie hat wohl mein Selbstgespräch noch mitbekommen. „Aber Oma - es war jetzt so lange schönes Wetter und jetzt brauchen deine

Blümchen auch mal Regen. Und im Übrigen – was jammerst du? War nicht immer dein Motto: „Lerne leiden ohne zu klagen? Papa sagte, dass dieser Spruch noch von deiner Oma kam, die wohl auch oft sehr krank war. Im Übrigen – hast du vergessen, dass ich dich zur Orthopädin fahren soll?"
Tatsache, ich hatte nicht daran gedacht. Vor Schreck war mir schon gleich besser. Nun aber ab.

Da saß ich dann im Wartezimmer der Orthopädie. Natürlich voll. Wie immer. Wird wohl so eine Stunde dauern. Die Stunde war dann um, aber es kamen immer noch neue Patienten die vorgezogen wurden. Nach weiteren dreißig Minuten, für meine gestressten Gelenke eine gefühlte Ewigkeit, bin ich dann zum Annahmetresen und habe gefragt, wann auch ich endlich aufgerufen werde. In diesem Augenblick kam die Sprechstundenhilfe meiner Orthopädin um die nächste Patientin aufzurufen. Danach wäre ich an der Reihe.
Die aufgerufene Dame nahm ihren Gehstock, versuchte aufzustehen, was ihr offensichtlich nicht so richtig gelang. Die Sprechstundenhilfe half ihr hoch und unterstützte sie beim Laufen. Aus dem Sprechzimmer heraus das Gleiche.
Mir half die Sprechstundenhilfe allerdings nicht als

ich mit meinen Unterarmstützen und meiner Tasche kämpfte. Geht ja schon ganz gut. Eineinhalb Stunden gewartet, knapp zehn Minuten Arztgespräch. Das war's.

Endlich frische Luft. Meine Enkelin zur Abholung angerufen und noch ganz schnell auf dem Weg zum Parkplatz beim Blumenladen rein. Ein paar Blümchen hat sich meine Enkelin für ihren Fahrdienst verdient. Der Blumenladen hat rings an den Wänden die Pflanzen zu stehen und in der Mitte noch, wie eine Pyramide, tolle Schnittblumen arrangiert.

Im Laden traute ich meinen Augen nicht. Die Dame aus dem Wartezimmer war mit einer Bekannten auch im Laden. Sie hatte inzwischen schon den Gehstock eingepackt, die Dinger sind ja zum Zusammenlegen, zwei Topfpflanzen eingepackt, bezahlt und verließ nun im Gespräch mit ihrer Bekannten den Laden.
Ich war so erschüttert, dass ich ganz vergessen habe zu fragen, wie die offensichtliche Wunderheilung geglückt ist. Allerdings wäre ich mit meiner Behinderung wohl auch nicht schnell genug gewesen, die Dame einzuholen.

Als ich das meiner Enkelin erzählte, lachte diese und

empfahl mir, mein Sprichwort „Lerne leiden ohne zu klagen" einfach etwas umzudrehen in „Lerne klagen ohne zu leiden". Sie stellte dann aber fest, dass ich das wohl kaum lernen werde. Dazu wäre ich einfach zu ehrlich.

Ist bestimmt dumm, aber ich fühle mich ehrlich eben besser.

Eva-Maria Kluck

Sommernacht

Es war einmal,
in einer lauen Sommernacht,
die war zum Feiern wie gemacht.

Was wir feierten, damals 1975, weiß ich gar nicht mehr. War's ein runder Geburtstag oder hatten Lisa und Karl uns einfach zum Grillen eingeladen?
Wir waren ein Freundeskreis von 12 Personen, junge Familien und wohnten alle nicht weit voneinander entfernt. Nur Lisa und Karl waren ein Stück von uns weg, in ein Haus am Stadtrand, gezogen.

Nun, die Party war feucht-fröhlich. Aber Thea war äußerst diszipliniert. Sie wusste, es würde sehr wichtig sein in dieser Nacht! Thea hatte ihren damaligen DDR-Führerschein bestanden und wir nahmen sie auf in die Runde der Kraftfahrer. Thea und ihr Mann Leo besaßen einen Skoda-Octavia, einen in die Jahre gekommenen. Aber egal, Auto ist Auto und im Vergleich zu unseren anderen Trabis wirkte dieser fast wie ein Raumwunder. Also, die Heimfahrt war geregelt und wir beschlossen, das gute Stück auf Maximalkapazität zu testen. Thea und der Skoda waren bereit alles zu geben.

Stocknüchtern, im Gegensatz zu uns, bestieg sie die Limousine. So ergab sich die Luxussituation einer Taxifahrt der besonderen Art.

Wir waren 9 Personen außer Thea, unserer motivierten Fahrerin. Gastgeber Lisa und Karl begleiteten die Vorbereitung für unseren Abtransport von außen mit hilfreichen Kommandos: Schieben! Weiter! Noch ein bisschen! Rutschen! Achtung Bein, Vorsicht Hand ...!

Wir fanden das so lustig und waren überzeugt, dass alle einen „Platz" finden. Dabei war es dann auch völlig egal, wer auf welchem Schoß landete. Der Letzte lag unter dem Beifahrersitz gleich neben Bremse und Kupplung von Thea. Aber sie wusste genau was zu tun war, während die Besatzung fröhlich, wenn auch nicht schön, „hoch auf dem gelben Wagen" sang.

Später gaben wir andere, der Situation entsprechende, oder weniger passende Lieder zu Gehör. Ja, wir waren stimmgewaltig. Viele von uns waren geübte Chorsänger. Hier kam es aber nicht auf Wohlklang an.

Wir kamen gut voran. Die lange Allee vor uns lud ein, mal ein bis zwei Gänge höher zu schalten. Der Skoda

unter uns hielt durch und wir quietschten vor Vergnügen als Thea die nächste, scharfe Kurve ankündigte. Keine Blitzer, keine Polizei, keine Kontrollen, ja nicht einmal andere Autos hatten wir zu fürchten. Purer Fahrspaß!
Thea wurde immer mutiger, sie war unsere Heldin und wir lobten sie. Bei diesem Vergnügen wollten wir gar nicht so schnell nach Hause.

Aber plötzlich – keiner wagte es laut zu sagen – nur ein kurzer Gedanke!
Wo waren denn alle unsere süßen, kleinen Kinder? Wir hatten sie zurückgelassen, bei Nachbarn, beim Babysitter oder gar einfach ganz allein?? Unglaublich! Oder hatten wir einige von ihnen zueinander geschafft, damit sie auch bisschen Spaß haben sollten? Was waren wir für vergnügungssüchtige, verantwortungslose Eltern?!
Schon ging es in die nächste Kurve. Thea sang inzwischen auch mit und wir vertrauten unserem Glück. Und glücklich waren wir, als wir fröhlich zu Hause eintrafen und unseren friedlich schlummernden Kindern, ein reumütiges Küsschen gaben. Wenn auch alkoholisierte Küsschen.

Jahrzehnte sind vergangen, alle unsere Freunde

sind noch da. Wir feiern inzwischen ruhiger – und sind dankbar für eine lange Zeit und unsere guten Schutzengel gestern, heute und hoffentlich auch in Zukunft.

Margit Prauß

Erstens kommt es anders - zweitens als man denkt.

Haben Sie sich nicht auch schon oft mit diesem Satz beim Schicksal beschwert? Na ja - wenn man so richtig überlegt, oft haben wir uns schon etwas vorgenommen, wurden enttäuscht oder auch erfreut. Eigentlich schon von Kindesbeinen an.

Als wir "Alten" uns neulich mal wieder über die Unterschiede zwischen Gestern und Heute unterhalten haben, mussten wir feststellen, dass die Jugend heute viel freier und sicherer mit Erfolg und Misserfolg umgeht. Locker steht der Spruch an der Wand "Verlieren ist wie gewinnen - nur umgekehrt".
Wir waren von unserer Fehlplanungen viel mehr beeindruckt und suchten oft Fehler. Vor allem bei uns selber. Heute sagt man sich: So ein Quatsch, denn es war ja nur ganz einfach das Leben mit seinen Überraschungen.

Was hatten wir nicht alles für Träume.

Mir kommt da in den Sinn, was wir als Lehrlinge von

der Zukunft erwarteten. Ich war damals Lehrling in einer Damenmaßschneiderei. Es war das Jahr 1953. Wir waren insgesamt fünf Fräulein (damals hießen unverheiratete Frauen noch Fräulein), drei Näherinnen und zwei Lehrlinge.

Die Verhältnisse in der Schneiderei waren einfach schrecklich. Ein kleiner Raum, mit einem Tisch zum Bügeln, zwei Nähmaschinen, (habe noch nie ältere gesehen), und eine ständig meckernde Meisterin, die nach Feierabend nähte. Am nächsten Tag warf sie uns vor, schlecht gearbeitet zu haben, dabei waren es die Ergebnisse ihrer abendlichen Tätigkeit. Wir mussten es aber hinnehmen, denn Lehrstellen waren so selten wie Goldstaub.
Wenn unsere Chefin nicht da war, träumten wir von der Zukunft. Meine Leidensgenossin, Lehrling im ersten Lehrjahr, ich war im dritten Lehrjahr, schwärmte von einem zukünftigen Partner. Groß müsste er sein, dunkelhaarig, braune Augen und gut tanzen können. Toll. Ich kam weniger gut mit meinen Vorstellungen an, denn mir kam es auf die Einstellung zum Leben an. Ehrlichkeit, Anstand und der Wille, sich gemeinsam eine Zukunft aufzubauen. Na schön doof, denn Aussehen ist ja schließlich wichtig.

Unsere drei Kolleginnen waren schon etwas älter und damit erfahrener als wir, und so waren ihre Zukunftswünsche auch wesentlich realistischer. Bei uns beiden Küken lief natürlich auch alles anders als wunschgemäß. Meine Lehrlingskollegin wurde stiller und erzählte, dass sie einen jungen Mann kennengelernt hatte. Allerdings erreichte er gerade mal so ihre Größe, aschblondes Haar, aber tanzen konnte er super. Am wichtigsten war aber die Tatsache, dass er schon einen Beruf hatte. So wurde er auch von ihrer Mutter als Schwiegersohn akzeptiert. Er machte sich selbstständig und es wurde eine gute Familie mit gesicherter Zukunft.

Mein Wunschtraum ging leider nicht so ganz in Erfüllung. Ich lernte nämlich einen jungen Mann kennen, der alles mitbrachte, was meine Kollegin sich gewünscht hatte. Schwarze Haare, dunkle Augen, groß und tanzen konnte er auch prima. Er hatte auch eine Berufsausbildung, lernte als Umschüler noch einen zweiten Beruf. War alles eigentlich positiv. Wir heirateten, steckten voller Ideen und waren ganz glücklich. Mein beruflicher Weg war allerdings gescheitert. Ich wollte Kostümbildnerin werden. Dazu war die Schneiderlehre, die ich mit sehr gut abschloss, Voraussetzung gewesen. Die Aufnahmeprüfung an der

Meisterschule für das Kunsthandwerk hatte ich auch bestanden, doch musste ich meine Zukunftsträume beerdigen.

Berlin, Standort der Meisterschule, war nach dem Krieg in West- und Ostzone geteilt. Die Schule in West, ich leider in Ost. Die Schließung der Grenze zwischen Ost und West zeichnete sich schon ab. Da ich fest mit meiner Familie verbunden war, blieb die Meisterschule ein Traum. Aber da gab es doch noch eine Möglichkeit der entsprechenden Weiterbildung in Berlin Ost. – Pech, denn dort war vorher ein Jahr praktische Arbeit in einer Maßschneiderei notwendig. Diese Arbeit war aber nicht zu bekommen.

Die Maßschneidereien arbeiteten nicht mit Gesellen. Drei Lehrlinge waren kostengünstiger, denn der Lehrlingslohn war im ersten Jahr fünfundvierzig Mark, im zweiten sechzig und im dritten fünfundsiebzig Mark. Lehrlinge im dritten Jahr hatten schon das Können eines Gesellen. Dieser wäre aber mit einem Lohn von ca. zweihundert Mark wesentlich teurer gewesen. Auch ich war aus diesem Grunde, trotz sehr guten Abschlusses, entlassen worden. So platzte erst einmal mein Berufswunschtraum.

Mein Traum von einer dauerhaften Ehe ging auch

nicht in Erfüllung. Nach sieben Jahren wurden wir geschieden. Wie sagt man immer: „Einen schönen Mann hat man nicht allein" aber es gibt eben Sachen, die ich nicht bereit bin zu teilen. Das Leben geht aber schließlich weiter und ich heiratete zum zweiten Mal.

Auch die anderen Kolleginnen können dafür den Beweis antreten, dass die Träume oft nicht in Erfüllung gehen. Die eine, sehr fleißig und lieb, war immer der Meinung, dass sie nie einen Partner findet. Einige Bekanntschaften scheiterten. Na ja, sie war keine Schönheit, und die Flucht nach Ende des Krieges hatte auch seelische Folgen hinterlassen. Wir waren befreundet und haben viel zusammen unternommen. Eines Tages hat sie dann einen Mann kennengelernt, der in unserer Gegend einen Lehrgang besuchte. Er blieb dann hier. Heirat eingeschlossen.

Sie hatte noch eine jüngere Schwester. Die war vom Wesen ganz das Gegenteil. Ihr Mann hatte einen Bruder, der wohl auch recht lebenslustig war. Beide Geschwister lernten sich kennen, waren wie Feuer und Wasser. Nach einer handfesten Auseinandersetzung haben sie aber geheiratet und es wurde wohl auch eine glückliche Ehe.

Von einer der Kolleginnen weiß ich nichts. Sie war auch wesentlich älter als wir anderen. Die Dritte versetzte mich aber nach Jahren in Staunen. Sie hatte ja immer von einer eigenen Schneiderei geträumt. Nun trafen wir uns wieder. Mein Sohn sollte die Schule wechseln und wir waren zur Direktion der neuen Schule eingeladen. Mit allen Möglichkeiten hatte ich gerechnet, als mich aber meine ehemalige Kollegin als Direktorin der Schule begrüßte, hat es mir dann doch die Sprache verschlagen. Erst haben wir mal eine Runde dumm geguckt. Dann mal kurz festgestellt, dass wir es beide beruflich, zwar ganz anders als vor Jahren erträumt, mit Fleiß und Einsatzbereitschaft geschafft haben, uns eine gute berufliche Grundlage zu schaffen.

Sie war eine angesehene Schulleiterin und ich hatte inzwischen im zweiten Beruf als Wirtschaftskaufmann eine leitende Stellung. Stimmt also: „Erstens kommt es anders – zweitens als man denkt."

Mit der Abneigung gegen unsere Lehrmeisterin in der Schneiderei hatten wir, wie sich nach Jahren herausstellte, recht gehabt.

Über eine Bekannte erfuhr ich, dass sie sich die Qualifikation zur Lehrmeisterin erschlichen hatte. In den letzten Kriegswirren ausgebombt, nach Berlin gekommen, im Gepäck außer einer Nähmaschine so gut wie nichts, ist ihr der Gedanke gekommen eine Maßschneiderei zu eröffnen.

Alle Papiere einschließlich Meisterbrief seien beim Bombenangriff verloren gegangen. Hat auch funktioniert, denn es ging ja vielen so. Eigentlich hatte sie Verkäuferin gelernt. War in einem Modehaus tätig gewesen. Hatte Änderungen, die damals für die Kunden ausgeführt worden sind, abgesteckt (Länge oder Weite fixiert) und sich so das Wissen über Anproben angeeignet.

Nähen als Solches lernte man damals als Mädchen schon in der Schule, um später eine gute Hausfrau zu sein. In meiner Lehrzeit hatte ich mich manchmal gefragt, wie es kam, dass sie offensichtlich Fehler machte, die durch die Berufsschule für mich zu erkennen waren. Nach über vierzig Jahren erfuhr ich nun, wie oft ich als Lehrling richtiger gearbeitet hatte als meine Chefin. Tat zwar gut, zu erfahren, dass man Recht gehabt hatte, aber vorbei ist vorbei. Doch hier heißt es ganz richtig: „Es wird nichts so fein gesponnen – dass es nicht kommt ans Licht der Sonnen."

Heute, mit über achtzig Jahren, mein Gott es sind ja schon bald vierundachtzig, weiß ich, dass das Leben oft seltsame Wege geht. Es für unsere Generation manchmal nicht einfach mit der rasanten Entwicklung schrittzuhalten. Da ist es tröstlich, dass die Weisheiten unserer Großeltern sogar noch heute oft Gültigkeit haben, wie man an den Sprichwörtern, die so von Generation zu Generation weitergereicht werden, sehen kann.

Eva-Maria Kluck

Bahnhofskinder

Sie, verehrte Leserinnen und Leser unserer kleinen Buchserie „Perlen der Erinnerung" kennen mich inzwischen. Ich bin die vom Bahnhof, aus der großen Familie.

Mit uns wohnten weitere Eisenbahnerfamilien im Bahnhof und insgesamt waren wir 13 Kinder verschiedenen Alters.

Die Erinnerungen an meine Kindheit kommen mir heute vor wie aus einer anderen Welt. Vergangenheit – und doch in Teilen sehr präsent und nah.
Wissenschaftler und Psychologen sind sich einig, dass in der Kindheit die spätere Entwicklung eines Menschen grundgelegt wird.

So gehörte es selbstverständlich dazu sich zu entschuldigen und Besserung zu versprechen, auch bei anderen Kindern oder deren Eltern. Das kostete Überwindung und war doch eine heilsame Erfahrung. Daran hat sich nichts geändert und die Kinder von heute müss(t)en es genauso lernen.

Ein Bahnhof mit seinem Umfeld, Gebäuden und Anlagen ist ein besonderer Ort, der für neugierige, lebhafte Kinder auch gefährlich sein kann. Es gab für uns „Tabuzonen", wie man heute sagt. Jedoch beliefen sich die Verbote auf wenige Situationen und die Möglichkeiten uns frei bewegen zu können, unsere Erfahrungen selbst zu machen, waren großzügig. Nach dem Motto: "Was haben wir alles überlebt...", will ich ein bisschen erzählen.

Damit Sie sich die Örtlichkeiten vorstellen können, muss ich das Bahnhofsgebäude erklären. Rechts und links je ein massives zweistöckiges Wohnhaus und in der Mitte, etwas flacher, die „Halle". Ein großer, öffentlicher Raum für die Reisenden mit Fahrkartenschalter, die Gepäckabfertigung mit der riesigen Waage und die „Sperre" als kontrollierter Zugang zu den zwei Bahnsteigen. Über dem Eingang zur Halle, außen, hing die große, runde Bahnhofsuhr. Die zwei Häuser rechts und links waren durch die Halle miteinander verbunden. Vor dem Gebäudeensemble lag der Bahnhofsvorplatz. Wir wohnten rechts im 1. Stock. Eines der Schlafzimmer befand sich im hinteren Teil der Wohnung, also Richtung Bahnsteige, Schienen etc. Das Fenster dieses Zimmers „mündete" auf dem Hallendach. Man konnte also mühelos, mit einem kleinen Hopser, auf das Hallendach gelangen. Dieses wiederum war mit der Überdachung der Bahnsteige verbunden. Alle Züge hielten in Oschatz an, wir waren Kreisstadt.

Die Zeit von der ich berichte, war die Zeit der fauchenden, stinkenden Dampfloks, der rußverschmierten Heizer, der Lokomotivführer, der Schaffner und der Fahrdienstleiter. Ein Fahrdienstleiter besaß besondere Autorität, schon durch seine rote Mütze, durch die „Kelle" in der Hand und die Trillerpfeife. Der Chef des „Ganzen" war unser Vater, als Bahnhofsvorsteher.

Zu den Verlockungen, besonders für meine Brüder, gehörte es immer wieder mal aus dem elterlichen Schlafzimmer auf das Hallendach zu klettern. Doch damit nicht genug, denn einmal übertrieben sie es gewaltig und gingen bis zum Bahnsteigende, immer auf dem Dach entlang. Man hat sie dabei erwischt! Der Fahrdienstleiter mit der roten Mütze hat die Übeltäter entdeckt, oben auf dem Dach. Der Bahnhofsvorsteher wurde informiert. Wie peinlich für meinen Vater, dass seine Kinder solchen Unfug und Leichtsinn trieben. Was hätte Alles passieren können! Das „Donnerwetter" erfolgte im Büro unseres Vaters im Beisein des aufsichtshabenden Eisenbahners.

Es wurden Wiedergutmachungsstrafen erteilt. Statt Fußball zu spielen und auf Bäume zu klettern mussten sie die Mülleimer in und um den Bahnhof leeren (wie eigentlich, ohne Plastesäcke?) und in der Gepäckabfertigung Kisten, Kartons und Koffer mit Etiketten und Zetteln bekleben.

Ich weiß, dass die Jungen mehrmals auf dem Hallen- und Bahnsteigdach waren.

Wir Mädchen, meine Schwester und ich haben uns „nur" aufs Hallendach getraut. Ja – alles ist gut gegangen. Wir erzählen heute noch davon.

Es gibt sicher noch andere, ähnliche Geschichten von damals. Vielleicht erzähle ich sie Ihnen später einmal.

Margrit Prauß, Januar 2018

Antwort auf die Fragen nach dem Gestern

Hallo Sylvia,

schnell ein paar Stichpunkte zu Deinen Fragen: Als ich in Deinem Alter zur Schule ging war Krieg. 1945 war ich gerade 10 Jahre! und war in der 4. Klasse.

Unsere Schule war zu dieser Zeit die modernste, was die Ausstattung und den Unterricht betraf.

In den Pausen gab es kein Spielen. Wir mussten in Reihen zu 4 –5 Schülern im Kreis um eine große Rasenfläche, die in der Mitte des Schulhofes war, gehen. Wir haben aber trotzdem im Rücken der Aufsichtslehrer Fangen gespielt.

Der Unterricht war manches Mal wegen Fliegeralarm unterbrochen.

Einige Kinder verloren ihren Vater im Krieg oder sogar beide Eltern durch die Zerstörung des Hauses durch Fliegerbomben. In unserer Klasse war auch ein

Mädchen, das seine Eltern in Berlin verloren hatte.

Zu Hause:
Es gab wenig Spielzeug. Wir haben es deshalb auch sehr pfleglich behandelt.
Zum Anziehen gab es auch wenig und deshalb wurden auch diese Sachen sehr sorgsam behandelt.

Fast jede Nacht mussten wir wegen Bombenangriffen zum Schutz vor Bomben in den Keller.

Es ist aber seltsam. Für uns Kinder war das alles Normalität. Wir kannten es ja auch nicht anders.

Meine Eltern haben es auch verstanden in dieser schweren Zeit und mit den wenigen Möglichkeiten uns unsere Kindheit so schön wie möglich zu gestalten.

War bestimmt nicht ganz einfach.

Viele Grüße
Oma

Eva Maria Kluck

Veilchenduft und Regenbogen

Es war ein schöner Sommertag im Jahr 1955. Ich ging in die zweite Klasse. Heidrun (ich nenne sie so), etwas jünger als ich und aus der ersten Klasse, wollte mit mir Blumen pflücken gehen.

Auf der „Krone", so nannten wir unser bergiges Freizeitgelände neben dem Bahnhof, würden gewiss welche blühen. Dort gab es Wiesen, Sträucher, Lichtungen zwischen Laub- und Nadelbäumen, große und kleine Hügel – einfach ganz viel Natur. All dies keine fünf Minuten von zu Hause entfernt.

Wir wussten nicht genau was wir pflücken wollten. Vielleicht Gänseblümchen, aus denen wir Mädchen Kränze für die Haare flochten, oder wilde Stiefmütterchen? Doch als wir unterwegs waren, entdeckten wir eine große Fläche mit Veilchen. Diese zarten, duftenden Wunderwerke der Natur, leuchtend blau. Wir konnten uns gar nicht satt sehen. „Schau mal hier …, toll … riech mal", riefen wir einander zu und waren im „Veilchenfieberrausch".
So viel unsere Hände tragen konnten, nahmen wir mit nach Hause. Doch was machen wir mit so vie-

len Blumen? Uns war klar, dass die Veilchen schnell Wasser brauchten. Sie sind doch so zart, zerbrechlich und voll dieses wunderbaren Duftes! In der Menge leuchteten sie royal blau – wie schön!

Nun entwickelten wir einen Plan. Heidrun meinte wir teilen sie auf (oder war ich es, als die Ältere?).
Meine Mutti und Oma bekamen je einen Strauß, einen für Heidruns Mutti und zwei verkaufen wir. Jawohl verkaufen! Auch kleine Mädchen von damals hatten schon einen gewissen Geschäftssinn im Blut.

Es war ein heißer Tag und später würde es noch Regen geben. Heidrun und ich wollten uns im nahen Konsum Eis kaufen. Jeder eine Kugel für 20 Pfennige. Aber um 18.00 Uhr machte der Laden zu.

Wir besorgten Eierbecher als Vasen und verteilten die Veilchen an unsere Muttis und meine Oma. Dafür bekamen wir großes Lob, dicke Küsschen und herzlichen Dank. Wir waren glückliche Kinder. Drei Teile unseres Schatzes waren nun verschenkt.

Die beiden übrigen Sträußchen wollten wir, wie schon gesagt, verkaufen. Die Eierbecher mit frischem Wasser waren schon besorgt. Wir dachten auch daran, dass die Blümchen nicht in die pralle Sonne gestellt werden dürfen, damit sie noch sehr schön aussehen wenn die Reisenden vom 17.00 Uhr Zug aus Dresden ankommen! Heidrun organisierte einen kleinen Spieltisch und einen Schirm als Schattenspender. Ich schrieb einen Zettel mit „je 20 Pfennig bitte".

Inzwischen verdunkelte sich der Himmel und es fing an zu regnen. Trotzdem war es warm und wir wussten, es würde schnell vorüber gehen. Die Abendsonne kommt meistens nach dem Regen wieder hervor. So war es auch. Die Leute vom 17.00 Uhr Zug kamen an, doch leider viel weniger als an anderen Tagen.
Unser Plan, die zwei Sträußchen noch vor 18.00 Uhr zu verkaufen, ging dann leider doch nicht ganz auf. Eine nette Dame hat uns einen Strauß abgekauft. Vielleicht wohnte sie in der Nähe oder wollte jemanden besuchen und ihm somit eine Freude machen? Oder sie hatte einfach nur Mitleid mit uns kleinen Mädchen. Nun hatten wir 20 Pfennig, jeder 10 und das Eis musste warten.

Den übrigen Strauß hat dann Heidrun ihrer Mutti noch mitgenommen. Bei all dem und der kleinen Enttäuschung über den Verzicht auf leckeres Eis, hatten wir ein schönes Erlebnis. Während wir alles wieder aufräumten, fing es erneut zu regnen an. Der Himmel im Osten hatte sich verdunkelt und im Westen stand glutrot die Abendsonne. So entstand der schönste, perfekteste Regenbogen, den man sich vorstellen kann.

Alle 7 Farben konnten wir in der Luft von einem zum anderen Ende des Regenbogens mit unseren Fingern nachziehen. Ein Wunder der Lichtbrechung und Reflektion! So schön und so schnell vergänglich.

Nur Minuten später kann sich diese Schönheit am Himmel wieder auflösen. Aber unser Regenbogen hielt ganz schön lange durch. Zwei Naturphänomene der besonderen Art an diesem Tag.

Immer, wenn ich Veilchen oder Regenbogen sehe, denke ich an den Nachmittag, unspektakulär schön in der Erinnerung, an meine Kindheit.

Margit Prauß

Urlaubs - Freuden

Die Koffer sind gepackt – es ist so weit:
wir starten in die Sommer – Sonne – Ferien – Zeit!
Der Silber-Vogel übers Meer uns bringt,
wo das Traumziel – eine Insel – in der Ferne winkt.
Wo Palmen sich im Winde wiegen,
Urlauber an Stränden liegen –
Hier wirkt Wunder die Natur:
milde Luft, Atlantik pur.
Wunderschöner Blüten-Segen,
süße Düfte auf den Wegen,
Zauber einer fremden Welt ,
Landschaft – die ins Auge fällt.
Musik, Gesang und Lebensfreude
begleiten stets die Insel-Leute.
Fasziniert erleben wir
Urlaubs-Freuden – jetzt und hier.
Jeden Tag ein Glücks-Gefühl,
jeden Tag ein neues Ziel.
Ach – die Zeit – sie eilt geschwind,
bald daheim wir wieder sind.
Berichten, wie so schön es war,
freuen uns auf's nächste Jahr.

Hannelore Wolf

In der Nacht

Ich lege mich jetzt zur Ruh'
und denke etwas weiter.
Ich find' vielleicht, wo drückt der Schuh'
und werde dann gescheiter.
Ich warte auf den nächsten Tag.
Auf das, was morgen kommen mag.
Dies' stimmt mich etwas heiter.
Ich lasse nun das Grübeln sein
und schlafe endlich langsam ein.

Gela (11.02.2019)

Hoffnung

G eht es dir im Leben schlecht,
findest du alles ungerecht,
dann mach das Beste aus dem Schlechten
und es vergeht im Laufe der Zeit.
Neue Chancen steh'n für dich bereit.

Das Leben ist fast immer schön,
wenn es auch trübe aussieht.
Man kann vieles schaffen,
wenn man sich bemüht.

Gela (10.02.2019)

Liebe Freunde!

Abschiede sind unumgänglich. Wenn man aber auch gute Zeiten hatte, dann kommt die Verzweiflung nicht zum Tragen. Ich wähle sicher einen ungewöhnlichen Weg für meinen Abschied von Euch.

Ihr sollt nicht traurig sein, sondern mich mitnehmen auf Euren Wegen. Ich bin trotz meinem nahen Ende gelassen und ruhig. Ihr werdet mich nicht los, denn nach einem physikalischen Gesetz geht Energie nie verloren.
Als ich nach dem Tod meines Mannes zu Euch kam, habt Ihr mich warmherzig aufgenommen. Was haben wir nicht alles gemeinsam unternommen!
Ich denke so gerne daran zurück und möchte Euch ein von Herzen kommendes Wort zum Abschied sagen.

Abschied ist für mich vor allem Dank.

Danke Euch allen!
Eure Ingrid K.
(2006)

von Gela

Durch die Jahreszeiten

Vorbei sind Dunkelheit und Harm.
Es wird nun langsam wieder warm.
Amsel, Meise, Fink und Star
bringen uns ein Ständchen dar.
Die ersten Knospen sprießen.
Wir müssen wieder gießen.
Der Sommer kommt nun bald heran.
Im Herbst man fleißig ernten kann.
So gehen wir durch das Jahr,
das hoffentlich ein gutes war.
Bis es dann wieder kälter ist.
Wir haben eine 12-Monatsfrist.
Dann kommt das Neujahr wieder ran
und alles fängt von vorne an.

Gela (03.02.2019)

Lebensfreude

Eins im Leben ist doch klar,
es ist auf Dauer wandelbar.
Es wird dir immer mehr bewußt,
mal hast du Lust, mal hast du Frust.
Mal kann man dich für'n Schwachkopf halten,
mal läßt du deinen Verstand walten.
Mal hast du Pech, mal hast du Glück,
wenn auch nur ein kleines Stück.
Du denkst, mal muß es dir gelingen!
Willst über deinen Schatten springen.
Doch das Unmögliche geht nicht.
Du bist und bleibst ein kleiner Wicht.
Mal siegt die Angst, mal siegt der Mut,
der macht deine Fehler wieder gut.
Mal gibt es Freude, mal auch Streit,
am besten ist da Gelassenheit.
Bei allen Unterschieden, arm oder reich,
im Grunde sind wir Menschen gleich!

Gela (20.01.2019)

An alle Menschen guten Willens

Einen neuen Aufbruch wagen.
Hoffnung in die Herzen tragen.
Fischen, aber nicht im Trüben.
Helfer sein und Toleranz üben.
Viele Schranken überwinden.
Mut zum Miteinander finden.
Alle Menschen, jung und alt,
brauchen das, und zwar sehr bald!

Gela (Dezember 2018)

Danke

Für das vergangene Jahr an meiner Seite.
Für das Vertrauen, das du zu mir hattest.
Für die Geduld, wenn etwas nicht geklappt hat.
Für die Bereitschaft, sich gemeinsam
auf neue, gute Lösungen einzulassen.

Gela

Mallorca, eine Perle der Erinnerungen

Rot

roter Landwein
perlt in Bechern
eingeschenkt von Paco
berauschend

Blau

blaue Meeresbucht
umgeben von Bergen
Soller, Schönheit überall
sonnenüberflutet

Grau

graue Steine
geschichtet zu Terassen
bis auf steile Berghänge
Schafe

Gela (2./1997)

Zugvögel

Ein Rauschen und Flattern hoch in der Luft:
ein Vogel–Schwarm! – der Leitvogel ruft!
Er gibt die Richtung für alle an –
vielstimmig die Antwort,
sie folgen dann.
Am Himmel ein harmonisches Bild –
das Herz bei dem Anblick
mit Sehnsucht sich füllt.
Sie fliegen gemeinsam in luftigen Höhen
und trotzen des Windes heftigen Böen.
Die Formation sich ändert im Flug –
doch bleibt stets zusammen der zielsichere Zug.
Von Süden nach Norden, von Osten nach West –
sie zieh'n ihre Bahnen und finden ein Nest.
Der Vogel-Zug den Blicken entschwindet –
ob sich für alle ein Nachtquartier findet?

Hannelore Wolf

Puste - Blumen

Die gelben Blüten-Blätter – sie entschwanden,
ein Schirmchen-Startplatz ist dafür entstanden.
Sie heben ab und fliegen leise,
der Wind schickt sie auf ihre Reise.
Die kleinen Schirmchen tanzen, schweben –
ein herrlich leichtes freies Leben.
Ein Mädchen schickt mit ihrem Hauch –
die Schirmchen in den Himmel auch.
Verfolgt sie vergnügt mit ihren Blicken,
möcht' alle in den Himmel schicken.
Sie hinterlassen keine Spur,
ein kleines Wunder der Natur.
Im neuen Jahr erwachen sie wieder –
sie ließen sich auf der Wiese nieder.
Gelbe Butterblumen leuchten weit –
bald ist wieder Schirmchen-Zeit.

Hannelore Wolf

Abendglocken

Zur Erinnerung an Rosemarie Popp
Gestorben am 18.05.2019

Ich erinnere mich gern an sie. Sie war so, wie man sich eine „Grande Dame" vorstellt. Immer flott gekleidet, immer großer und auffälliger Schmuck, immer die Haare kurz und frech, immer ihren kleinen Hund an der Seite und immer in Pumps mit relativ hohen Absätzen.

Ich mochte ihre burschikose Art. Sie musste sich nicht verstellen, sie war einfach Frau Popp. Sie kannte die Menschen, die mehr als einmal zum „Schönen Sonntag-Nachmittag" ins AWO-Cafe kamen, dadurch war sie sofort verbindlich und sie konnte so herrlich laut und offen lachen.

Viele kannten sie auch durch „Die Evergreens", so nennt sich der Chor der AWO (Ortsverein Teltow). Diesen Chor hat sie gegründet. Wie viel ihr dieser Chor, das gemeinsame Singen, die Auftritte und der Applaus bedeutet haben, kann vielleicht nur erahnen, wer diese Gemeinschaft erlebt hat.

Traditionell sang der Chor bei jeder Weihnachtsfeier bekannte und unbekannte oder vergessene Lieder. Ich freute mich immer schon darauf, denn das Mitsingen der Gäste war ausdrücklich gewünscht. Wann singt man sonst noch?

Wenn Frau Popp aber mit ihrer glockenhellen klaren Stimme ein Solo sang, dann wusste jeder, diese Frau kann noch immer wundervoll singen, der Stimme hörte man kein Alter an.

Besonders in Erinnerung ist mir das Lied die „Abendglocken" geblieben*. Sie sang es mit der Begleitung ihres Chores und es war zum Weinen schön.

Viele Menschen werden sie vermissen.

Sie bleibt eine Perle in unserer Erinnerung.

Carmen Sabernak

* russische Melodie von "Вечерний звон"

Abendglocken

Der Tag vergeht im Abendschein,
die Nacht beginnt am Wiesenrain.
Die Nachtigall singt froh ihr Lied,
der Abendstern am Himmel zieht.

Schlaf selig ein, die Nacht ist groß,
birgt Wunsch und Traum in ihrem Schoß.
Und morgen früh, so Gott es mag,
steigt aus dem Tau ein neuer Tag.

(diese Version wurde 2018 gesungen)

In Gedenken an Rosemarie Popp
Gestorben am 18.05.2019

Die Autoren:

GELA (Jahrgang 1943)
Hobbies: Theatergruppe, Wandern

Eva-Maria Kluck (Jahrgang 1935)
Geboren in Berlin, von 1936 bis 1997 in Kleinmachnow gelebt, danach in Stahnsdorf.

Berufe: Maßschneiderin und Wirtschaftskauffrau Sie war als Angestellte im Rat der Gemeinde Kleinmachnow, in der Landwirtschaftsbank in Potsdam und von 1975 bis 2000 im Gesundheitswesen (Geschäftsleitung, ab 1997 Leiterin des Seniorenbüros AVUS) in Teltow tätig.

Hobbys: Aus dem Leben schreiben: Anekdoten, bissige Leserbriefe, Glossen und Familiengeschichte, ehrenamtliche Tätigkeit in Selbsthilfegruppen.

Margrit Prauß (1947)
ist in Sachsen geboren und aufgewachsen.

Beruf: Krankenschwester, Ausbildung med. Fachschule Hubertusburg Wermsdorf.

Seit 1969 wohnt sie in Teltow, hat 2 Töchter und 4 zauberhafte Enkelkinder. Sie liebte immer schon „Deutsch" in der Schule, schrieb gerne Aufsätze, später Briefe. Gedanken, Erinnerungen und Erfahrungen aus ihrem Leben zu formulieren macht ihr viel Freude und sie gibt diese gern weiter.

Hannelore Wolf (Jahrgang 1944)
geboren in Westpreußen, nach der Flucht aus Danzig in Mecklenburg aufgewachsen, Ausbildung zur Kindergärtnerin im Schweriner Schloß. Umzug 1963 nach Leipzig, Heirat und Umzug 1967 nach Teltow.

Tätig als Kindergärtnerin, Wechsel in die GRW-Bibliothek, nach der Wende als Sachbearbeiterin im Sozialamt Teltow, seit 2009 Rentnerin.
Sie ist verheiratet, hat 3 Kinder und 4 Enkelkinder.

Hobbys: Singen im Chor, Mitglied einer Sportgruppe, Reisen und Tanzen, Verfassen von Versen zu bestimmten Anlässen sowie spontanes Schreiben kleiner Gedichte!

Carmen Sabernak (Jahrgang 1958)
Schreibt am liebsten mit Blick auf das Meer oder auf ihrer Rosenbank im Familiengarten.

Bisher erschienen

**Aus der Reihe „Perlen unserer Erinne-
rung" sind bereits erschienen:**

*„Hannas Weihnachtsengel"
erschienen 2013 im BoD Verlag*

ISBN: 9783732280414
Preis: 5,00 Euro

*„Begegnungen im Leben"
erschienen 2013 im BoD Verlag*

ISBN: 9783732280889
Preis: 5,00 Euro

*„Verlust und Wiederfinden"
erschienen 2015 im BoD Verlag*

ISBN: 9783734745812
Preis: 5,00 Euro

*„Elli"
erschienen 2015 im BoD Verlag*

ISBN: 9783734769276
Preis: 5,00 Euro

„Mein Berlin - Mitten mang und Dichte bei"
erschienen 2015 im BoD Verlag

ISBN: 9783738613599
Preis: 5,00 Euro

„Am Wege blüht Vergissmeinnicht"
erschienen 2015 im BoD Verlag

ISBN: 9783738629262
Preis: 5,00 Euro

„Singen und Wandern - das ist unser Leben"
erschienen 2015 im BoD Verlag

ISBN: 9783738659931
Preis: 5,00 Euro

„Jahreswende - von Anfang bis Ende"
erschienen 2016 im BoD Verlag

ISBN: 9783741276798
Preis: 5,00 Euro

„Sehnsucht, Glück und Bäume"
erschienen 2017 im BoD Verlag

ISBN: 9783848257195
Preis: 5,00 Euro

„Täuscht der schöne Schein?"
erschienen 2018 im BoD Verlag

ISBN: 9783748111948
Preis: 5,00 Euro

„Winterperlen"
erschienen 2018 im BoD Verlag

ISBN: 9783748101093
Preis: 5,00 Euro